Grigori Grabovoi

Enseignement de Grigori Grabovoi sur Dieu

La construction du Monde à travers l'Amour

Édition of "Grigorii Grabovoi PR KONSALTING
TECHNOLOGIES OF ETERNAL DEVELOPMENT"

2020

Grigori Grabovoi
Enseignement de Grigori Grabovoi sur Dieu. La construction du Monde à travers l'Amour /Traduction en français: "Grigorii Grabovoi PR KONSALTING TECHNOLOGIES OF ETERNAL DEVELOPMENT", 2020. – 32 p.

Le texte de l'œuvre a été créé pour la première fois par Grigori Grabovoi au moment du séminaire le 3 novembre 2004. Lors de la création de l'œuvre, une méthode de développement éternel a été utilisée avec une prédiction précise des événements futurs. Une confirmation à cent pour cent des prévisions de Grigori Grabovoi est prouvée par les protocoles et témoignages publiés en trois volumes "Pratiques de contrôle. Le chemin du salut".

Lors de la création du texte de l'œuvre, Grigori Grabovoi a d'abord reçu une prévision précise des événements futurs et a ensuite créé un texte qui enseigne le développement éternel en tenant compte des événements spécifiques de l'avenir concernant chacun et le monde entier.

Lors de la conception de la couverture, les peintures de l'auteur Grigori Grabovoi de son livre illustré "Manifestations de l'éternité"ont été utilisées. Les images présentées dans le livre remplissent une personne d'éternité.

Tous droits réservés. Aucune partie de ce livre ne peut être reproduite sous quelque forme que ce soit sans l'autorisation écrite du titulaire du droit d'auteur.

ISBN 9798677953989

GRABOVOI ®
GRIGORI GRABOVOI ®
© Григорий Грабовой, 2004
© Grigori Grabovoi, 2004
© Grigori Grabovoi, traduction en français, 2020

Bonjour encore une fois. Le séminaire consacré à mon Enseignement sur Dieu traite le sujet de la construction du Monde à travers l'Amour.

En présentant ce sujet, je vais montrer la façon de construire l'information du Monde au moyen de l'information de l'Amour, de l'Amour même à travers l'action par l'Amour et la construction de l'Amour.

Pour réussir à le faire, on peut analyser le processus de pilotage suivant : observez le niveau de l'Amour ou l'Amour même dans l'espace infiniment éloigné de l'homme au niveau où le Monde n'est pas encore créé. Faites un pilotage simple : placez la structure de l'Amour à un niveau devant vous et fixez cette luminescence pendant cinq secondes. Vous verrez des ondes qui forment les continents. Vous verrez apparaître l'Eurasie et d'autres continents. La sphère de la Terre commence à se former doucement. Ainsi, la construction de la Terre constitue le premier niveau du pilotage par rapport au corps physique.

Lorsque vous examinez le processus à l'envers, en essayant de comprendre la corrélation de l'action de l'Amour avec vous, vous voyez vous- même et vous voyez la façon dont l'Amour construit vous-même ainsi que votre corps physique. Vous continuez à réfléchir. La pensée et le processus de réflexion forment une nouvelle personne qui est en un contact très étroit avec vous au niveau de l'Amour. En effet,

Dieu a créé l'homme au moyen de l'Amour et, par conséquent, l'Amour forme une nouvelle personne.

L'union de Dieu avec l'homme dans l'action représente la création de l'Amour par l'homme. L'homme est capable de créer le sentiment et l'action de l'Amour. Lorsque vous observez cette structure dans l'espace infiniment éloigné de vous vous la voyez près de vous. Si vous vous fixez pour tâche de repérer les propriétés de l'infinité de l'Amour et de pousser l'information de l'Amour plus loin vous verrez qu'un niveau bien spécifique reste toujours près de vous. Vous allez même ressentir que ce niveau est assez chaud. Il se trouve presque toujours au même endroit et les gens qui pénètrent dans ce niveau « se baignent » dans l'Amour et dans l'information de l'Amour.

Cette information constitue l'Amour. L'homme se trouve dans l'Amour de Dieu. On est en mesure de voir l'Amour de Dieu comme un Amour extérieur. On peut différencier l'Amour de votre action et l'Amour de Dieu qui est la Lumière de l'Amour infini et qui se dirige vers vous en forme d'Amour.

Vous êtes capable de créer l'Amour tout en focalisant le pilotage sur cette action. Bien sûr, ce n'est pas aussi simple que cela a l'air parce que, dans l'Amour, le pilotage extérieur a la forme de la Lumière provenant des objets extérieurs et ces objets ne sont pas visibles.

Ainsi, vous obtenez l'information de l'Amour mais vous ne pouvez pas définir de quel objet provient le pilotage car l'Amour n'est visible qu'à l'état pur. Il est souvent impossible de définir la source de l'Amour. Vous la percevez au niveau de l'Esprit. Mais, pourquoi une telle ou telle source fait naître l'Amour ? Il peut arriver que cela n'est pas toujours clair initialement. Vous avez besoin de consacrer beaucoup de temps pour explorer ce phénomène et tâcher de comprendre pourquoi un objet d'information fait naître l'Amour ou crée l'Amour lorsque vous vous corrélez avec celui-ci ou lorsque vous le percevez.

En réalité, il n'existe pas de phénomènes incompréhensibles. On peut comprendre tout. Dans notre cas, pour se faire, il faut travailler avec un concept complètement autonome qui existe par lui-même et qui ne s'explique pas. Ainsi, vous fixez le critère de pilotage suivant : l'Amour est une réalité initialement existante qui n'a pas besoin d'être expliquée, car vous la comprenez. De manière générale, il n'est même pas nécessaire de détailler les concepts.

Lorsque vous commencez à utiliser ce mécanisme au niveau naturel de pilotage, vous voyez l'Amour s'étaler localement sur les niveaux de pilotage. À cette étape, vous découvrez le niveau qui vous fait comprendre pourquoi vous aimez un tel ou tel objet d'information. Par exemple, vous voyez un banc, vous voyez le mouvement de votre Amour vers cet objet. Vous voyez sur quel niveau de ce banc la Lumière de l'Amour se pose et pourquoi cela vous plaît. Par exemple, vous vous rappelez votre enfance et vous voyez une image similaire. Vous aimez cet endroit parce qu'il y a une association. L'association est un autre temps qui peut être celui du futur. En réalité, il s'avère que la racine de tous les événements est le futur qui, étant transformé à travers l'Amour, se projette en forme d'objets matériels. Pour réussir à faire un pilotage équilibré et harmonieux des processus futurs nous devons voir cette transformation. En effet, la construction du futur est une plateforme qui se manifeste dans l'Amour de la façon suivante : si vous voulez faire un pas vous devez construire une plateforme à la base de l'Amour. Et puis, agissez comme si vous mettiez un scaphandre : lorsque vous mettez les bottes vous voyez que vos jambes, vous ne voyez pas les bottes. Effectivement, l'enveloppe extérieure n'existe pas. C'est seulement vous qui existez.

Vous existez dans l'Amour, exclusivement dans l'amour. Chaque élément de l'action dans l'Amour ne fait qu'amener tout vers vous. Des objets d'information extérieurs deviennent non-différenciés lorsqu'ils sont tournés vers vous. Cela veut dire, les bottes dont j'ai parlé n'existent pas.

C'est seulement vous qui existez. De plus, vous êtes en bonne santé. Il est toujours possible de repérer la priorité de la santé dans l'action de l'Amour.

Ainsi, en construisant le Monde à travers l'Amour, vous voyez la Lumière de l'Amour, vous comprenez des régularités critérielles du pilotage dans cette sphère du pilotage et puis, vous commencez à voir que, grâce à l'Amour, vous offrez une Lumière. Vous l'appelez la Lumière de l'Amour. Eh bien, l'Amour est ce que vous appelez l'Amour. La parole se transforme en une action. C'est un cas unique où la parole se transforme immédiatement en une action sans influence extérieure. Par exemple, si je veux dire que j'ai planté un arbre, je dois le dire d'abord et puis le planter. Par contre, dans notre cas, je dis « l'Amour » et l'action se fait immédiatement. L'action se réalise tout simplement parce que je l'ai dit et rien d'autre n'en ressort. Cette action fait naître la réalité extérieure qui à son tour peut être détaillée.

Dans le premier cas, en parlant des continents, j'ai montré qu'on peut repérer la sphère de l'Amour pour construire une planète tandis que dans le deuxième cas, je construis la décomposition détaillée au moyen de la parole. En effet, la parole forme la décomposition détaillée. Et, si nous souhaitons décomposer une planète en des phénomènes nous devons savoir quel mot correspond à la forme de l'Amour de la planète. En effet, si l'on écoute attentivement la parole, on peut entendre les grondements de la planète. La planète nous parle tout comme une plante nous parle, etc. Il faut l'écouter. On peut traduire leur langage en un langage verbal. La décomposition détaillée n'est rien d'autre que la fragmentation du système de l'information et la perception au moyen des mots et non au moyen des connaissances. Écoutez ce que les oiseaux, les animaux, les planètes, les choses vous disent. Vous pouvez même écouter leur langage si vous avez le temps.

Lorsque vous commencez à détailler cette structure, vous découvrez que la parole humaine est un mécanisme universel de communication. Moyennant la parole, il est possible d'entrer en contact avec n'importe quel système, même avec une étoile. Pourtant, pour y réussir, il faut savoir où la parole se trouve dans l'étoile et comment celle-ci se transforme en une information universelle. Eh bien, cette transformation est l'Amour. Par contre, il s'agit de l'Amour de Dieu et de votre amour envers la parole.

Si vous aimez fortement le mot « Amour » cela fait apparaître l'action de l'Amour qui se dirige à la fois vers vous et vers Dieu. Cela fait émerger la troisième situation. Il s'agit d'un monde extérieur qui est très éloigné et qui possède des propriétés indéfinies. L'Amour fait naître un monde harmonieux qui n'est pas défini dans le présent mais dans le futur. Ainsi, vous obtenez la fonction du futur à partir de la matière du présent. De même, une réaction quelconque, notamment, une réaction nucléaire, produit un développement futur du processus. Si l'on veut que la réaction ou la fission nucléaire ne soit pas dangereuse pour l'homme il est nécessaire de faire de sorte que le développement du futur soit amené vers la forme de l'Amour. Il faut que la forme de l'événement corresponde à celle de l'Amour.

En principe, il existe une forme dynamique et progressive de l'Amour. Celle-ci se perçoit comme une Lumière ou comme des nuances de la Lumière. Et, si l'on commence à obtenir ou examiner sa forme l'Amour acquiert des propriétés d'un système rigoureux. C'est pourquoi, il est assez difficile de comprendre immédiatement que l'homme aime ce système. Comme il y a un grand nombre d'éléments de la réalité extérieure, il est difficile de dire que l'homme aime un objet quelconque, par exemple, un navire. C'est à ce point qu'on observe la rupture entre l'homme et le phénomène extérieur. Dieu aime l'homme mais cela ne veut pas dire que l'homme doit faire tout ce qu'il veut. Il faut vivre de manière constructive.

Revenons au sujet du navire dont j'ai parlé. Par exemple, si le navire flotte doucement sur des eaux de la mer et qu'il n'est pas équipé d'armes de destruction, on peut éprouver le sentiment d'Amour vers le navire par rapport à sa beauté. Par contre, si le bateau est équipé d'armes, notre Amour acquiert le sens de la protection. D'ailleurs, pourquoi est-ce qu'il existe l'arme dans le Monde contemporain ? Parce qu'il y a de l'agressivité, n'est-ce pas ?

Eh bien, si l'on aime la bombe atomique, elle n'explosera pas. C'est à cette logique qu'il faut obéir lorsqu'on fait le pilotage. Il faut aimer tout en fixant une frontière qui vous sépare du niveau abstrait du pilotage. Dans notre cas, l'Amour est le pilotage à l'état pur. Lorsque vous travaillez avec des objets non constructifs l'Amour reste le même. Il peut y avoir des nuances plus profondes parce que vous avez besoin de connaître la structure de la bombe et tous les événements associés. Aussi, vous devez faire de sorte que la bombe n'explose pas. Cette structure de pilotage remplie d'Amour est assez chargée mais c'est seulement sur la base de l'Amour qu'une telle structure peut se maintenir. Il n'y a aucune pression sur l'organisme humain car l'homme travaille au moyen de l'Amour. L'homme comprend que l'explosion de la bombe n'aura pas lieu non parce qu'il a dévissé un écrou mais parce que les événements vont se former ainsi. Il n'y aura pas tout simplement d'événements qui provoqueront une explosion. Et puis, l'homme peut participer au pilotage social, politique et mondial pour, par exemple, placer cette bombe sur l'orbite afin qu'elle ne détruise jamais l'humanité. Et pourquoi elle ne détruira pas les gens dans ce cas ? Parce qu'elle y sera reconstruite et utilisée comme un carburant. Vous voyez, il existe plusieurs moyens de piloter des systèmes destructifs.

Lorsque vous utilisez l'Amour pour faire le pilotage vous découvrez que la construction du Monde correspondant à la réalité physique et qu'elle incarne l'action à travers l'Amour. Dans ce cas, l'Amour remplace l'action physique. L'intensité du pilotage atteint le point maximal si vous pilotez les événements à travers la structure de l'Amour, à savoir, moyennant l'Amour. Par exemple, si vous souhaitez que le chauffeur de taxi arrive chez vous à l'heure exacte, sans retard, vous n'avez pas besoin de lui téléphoner pour vous en assurer.

Il vous suffit juste de faire le pilotage et sa voiture ne rencontrera aucun obstacle et ne sera pas coincé dans un embouteillage sur son chemin. Ce pilotage est quand-même une action physique. Bien sûr, vous pouvez appeler le chauffeur, faire un « accompagnement » pour cette voiture, mais vous pouvez tout simplement faire une action au moyen de l'Amour.

Dans l'action de l'Amour, il n'y a pas de différence entre l'action et le pilotage. Par exemple, si l'on fait juste le pilotage dans l'optique d'une impulsion neutre, on voit la différence entre l'action et le pilotage : il y a une impulsion, une action et le pilotage ; l'objectif est différencié dans l'optique de la perception. Pourtant, lorsqu'on utilise l'Amour, l'observateur extérieur ne reconnaît pas l'action par l'Amour.

Ce pilotage est aussi naturel que celui réalisé par Dieu à la seule différence que Dieu fait toujours le pilotage global tandis que l'homme fait le pilotage local. Cependant, l'homme accomplit une action aussi précise que l'action de Dieu dans le cadre du développement infini. En effet, toute forme finie aboutit à la localisation de l'action de l'Amour. Par conséquent, l'Amour est une action qui est toujours infinie.

En observant le niveau ou le statut de l'action infinie vous découvrez que l'homme est en mesure de créer l'Amour. Il faut créer l'Amour pour construire le Monde moyennant l'Amour. L'action de l'homme visant à créer l'Amour constitue la Lumière qu'il émet. L'Amour est la première chose que l'homme perçoit en forme de Lumière ou en forme d'action. L'homme représente également une expression de l'Amour de Dieu envers lui-même. Cela veut dire que Dieu aime davantage lui-même lorsque l'homme est plus heureux. Ainsi, la progression de l'homme dans un développement libre se fait selon la volonté de Dieu. Cette volonté est dirigée par l'Amour de l'homme envers Dieu. Plus l'homme aime Dieu plus l'homme devient à la fois plus libre et plus proche de Dieu.

Le niveau de l'Amour que l'homme crée avec la luminescence de son corps humain constitue souvent la première impulsion de la perception humaine. Il s'agit de l'Amour même. En règle générale, l'Amour est la première propriété que l'homme perçoit comme l'information. L'Amour est le premier niveau de l'information perçu par l'homme. L'Amour est infini. C'est pourquoi l'homme peut le recréer en forme du niveau initial. En connaissant cette propriété de l'impulsion extérieure et initiale, il est facile de définir les caractéristiques de l'objet. Il est toujours possible de définir ce qui se trouve derrière l'objet, quelles images d'action existent, ce qui est l'objet de l'action s'il s'agit d'une action humaine.

Par contre, s'il s'agit d'un phénomène naturel, il sera facile de définir s'il va y avoir une catastrophe, par exemple, un effondrement, un tremblement de terre etc. Les éléments de la réalité deviennent non seulement reconnaissables mais également faciles à comprendre.

Par exemple, pour soigner une maladie il faut observer « l'enveloppe » de l'Amour. Cette enveloppe est toujours en contact avec le statut de la santé en action. Celle-ci ressemble à une enveloppe extérieure qui accompagne toujours tous les objets d'information. L'enveloppe de l'Amour montre ce dont l'homme a besoin pour être en bonne santé. La caractéristique de l'Amour ne montre pas quelles actions mécaniques l'homme doit faire mais ce dont l'homme a besoin. Il suffit de concentrer l'attention sur cela pour obtenir le résultat.

L'Amour normalise l'homme. En observant l'Amour de l'homme vers lui- même ou la présence de l'Amour dans le niveau de la réalité de l'homme vous activez et motivez l'Amour pour une nouvelle action. L'Amour se comporte comme un système intelligent, à savoir, comme une substance. Il vous suffit de regarder un problème comme si vous étiez un observateur extérieur pour que l'Amour commence à normaliser l'homme. D'ailleurs, cette méthode permet de faire des chirurgies esthétiques, régénérer les organes, modifier leur forme et restaurer les organes amputés de façon très harmonieuse. Il suffit juste de faire le pilotage tout en observant, avec vos yeux intérieurs (spirituels), la structure de l'Amour près de l'organe à régénérer, et l'Amour commence à normaliser l'organe.

Pourquoi est-ce que cela se fait ainsi ? Contrairement au système canonique, à savoir, à la norme dans la Conscience Collective, l'Amour est global. De ce fait, pour commencer à normaliser, il suffit de définir une fraction de la perception, à savoir, une différence quelconque. Ainsi, vous commencez à soigner seulement parce que vous regardez cet endroit et vous savez où exactement se trouve l'Amour.

Le pilotage de la réalité extérieure par rapport à vous constitue votre action intérieure même si cette dernière peut paraître ordinaire. Vous agissez au moyen de l'Amour sans l'appeler explicitement. Vous observez la personne tout en agissant avec une forme très concentrée de l'Amour. Il s'agit de l'Amour universel de Dieu. L'Amour de Dieu se manifeste à tous. Dans la perception, la concentration de l'Amour est si élevée que vous travaillez avec une valeur logique n'ayant pas d'informatiquement. Il s'agit d'une valeur d'action ou d'une valeur universelle exprimée dans l'action qui incarne, notamment, l'action de Dieu. Vous pouvez remplir cette valeur de toute sorte d'information à votre gré. Et, pour améliorer la santé d'une autre personne, il vous suffit de transférer la valeur dans le statut de la santé. Vous pouvez travailler de la même façon sur vous-même, à la seule différence que vous devez observez vous-même. En quoi consiste l'action d'observer soi-même ?

En principe, c'est la même chose. Vous verrez que vous n'êtes pas différent des autres et que vous appliquez les mêmes méthodes pour vous-même et pour les autres. Plus la personne pratique plus elle perfectionne son savoir-faire en pilotage.

Alors, une question se pose : pourquoi est-ce que l'Amour aligne tout à la norme ? Pourquoi est-ce que Dieu donne les connaissances à tout le monde sans distinction ? Parce que chaque personne doit avoir le statut du développement éternel et divin. Elle doit être en bonne santé, maîtriser la technologie du développement éternel et infini, savoir où se trouve ce système de connaissances et de pilotage.

Il s'agit souvent des connaissances très simples. Par exemple, les connaissances que je vous donne aujourd'hui ne sont pas compliquées, pour l'essentiel. Il faut juste prêter attention à quelque chose à un moment opportun. Le pilotage se fait tout seul si vous avez ces connaissances. C'est la différence entre le processus de penser ou le pilotage tout court et le pilotage au moyen de l'Amour. Lorsque vous commencez à faire approcher de vous-même le niveau optique de l'Amour vous vous calmez et arrivez à la norme tranquille de l'Amour. Cela veut dire que vous arrivez à faire le pilotage pour guérir quelqu'un ou pour diriger la personne dans le développement infini. D'ailleurs, il est très facile de faire le pilotage dans le développement infini moyennant l'Amour car pour l'Amour l'infinité et l'espace autour de vous représentent la même valeur.

La vectorialité de l'Amour dans l'infinité s'exprime par un seul niveau, à savoir, par l'Amour de Dieu envers vous. Vous aussi, vous aimez Dieu inconditionnellement. Dans le fond, l'homme aime Dieu et considère l'action de Dieu comme une action d'apprentissage, a priori, comme une action qui précède la pratique. Pourtant, tout le monde n'est pas capable de différencier l'action de l'Amour. Et puis, vous commencez à différencier l'action de l'Amour comme une valeur extérieure, à savoir, comme une substance qui a la raison. En réalité, on peut dire que tous les phénomènes du Monde incarnent l'action de la raison, et donc, tous les phénomènes sont des actions raisonnables. En effet, il existe le concept de la raison universelle. Cependant, dans notre cas, ce concept n'est pas liée à celui de la raison suprême ou d'une autre raison. Dans notre cas, je veux dire que tous les objets d'information sont universels et égaux devant Dieu. Si l'homme perçoit un élément par lui-même, l'homme et l'élément deviennent égaux. Il suffit de percevoir quelque chose devant Dieu pour que l'homme et l'élément deviennent égaux. L'Amour, lui aussi, répand ce principe d'égalité parce que l'extension de la réalité est possible uniquement grâce à l'Amour.

Par conséquent, la construction du Monde organise la pensée à travers l'Amour. Il s'agit d'un axiome bien connu de tous. Pourtant, dans notre cas, je l'ai déduit de manière logique, au moyen des termes.

Lorsque vous commencez à faire le pilotage, cet axiome n'est pas toujours clair pour tous. Tout le monde ne comprend pas pourquoi il faut s'en souvenir. Dans ce cas, on n'est pas obligé de s'en souvenir, il faut juste le réaliser technologiquement.

Il suffit d'extraire la fraction de l'Amour, à savoir, la luminescence de l'Amour en forme d'un contexte inconditionnel de l'action. Plus exactement, vous percevez cela comme l'information dans un éloignement infini. Au niveau spirituel, au niveau du corps, de l'Esprit, de la Conscience, vous comprenez avec toute votre personnalité concentrée qu'il s'agit de l'Amour mais vous le percevez comme une luminescence. C'est la différence entre la notion que vous comprenez et l'objet d'information réel. Il s'agit de la différence entre ce que vous percevez et la façon dont vous percevez. Ainsi, vous pouvez examiner tout votre système de la pensée, de la perception et de l'action physique. Vous pouvez voir comment celui-ci sera dans deux heures, dans cent ans, etc. Vous pouvez voir quel sera le mouvement de votre corps physique etc.

Lorsque vous commencez à voir que la pensée, le corps physique et le statut de votre personnalité sont des valeurs inséparables, vous commencez à comprendre que le Monde est solide. La personnalité de l'homme est tellement monolithique que si quelque chose de mal arrive à l'homme, c'est du « nonsense », du point de vue de Dieu. En effet, au niveau de la perception spirituelle, Dieu qui a le corps humain perçoit des problèmes des hommes comme quelque chose d'absurde ce qui ne doit pas avoir lieu. À ce point, il faut prêter attention au niveau minime de la conscience logique. Vous devez transformer toute information en une information constructive car sa source est une luminescence éternelle de l'Amour. Et puis, en pilotant l'information et les connaissances par lui-même, l'homme perçoit cette information en fonction de ses paroles. À ce niveau, la réalité future dépend de l'homme.

Le niveau de la réalité dépend de chaque personne. Dans ce cas, une personne suffit pour sauver le Monde si cette personne peut prouver devant Dieu qu'elle avait maîtrisé les connaissances données. Et puis, Dieu montre à l'homme ce qu'il faut faire par la suite.

Le concept du salut prévoit un développement harmonieux et éternel. Certes, s'il y a une nécessité d'utiliser le mot « salut » dans le cadre du développement, alors, il faut l'utiliser. Pourtant, s'il faut agir au niveau du développement éternel de manière harmonieuse et qu'il n'y ait aucune menace, alors, il s'agit tout simplement du développement éternel. En effet, la structure du développement éternel comporte une menace en tant que valeur potentielle qui peut pourtant ne pas exister.

Dans la structure de l'Amour, la structure du salut, à savoir le concept d'une menace ou d'une action extérieure, s'éloigne à une très grande distance et devient souvent impondérable. Par exemple, il existe des armes nucléaires mais leur action est si éloignée qu'elles n'exploseront pas même malgré leur grande quantité car l'homme fait déplacer cette structure en dehors du niveau de son pilotage. L'homme localise le fait que le Monde n'est pas détruit dans la structure de l'harmonie de l'Amour. L'homme soutient le

Monde par lui-même bien qu'il ait créé l'élément de la destruction nucléaire du Monde.

L'homme est obligé de se concentrer de plus en plus sur l'Amour. Il doit aimer de façon logique, il doit concentrer la volonté de l'Amour et agrandir la structure du pilotage par l'Amour pour que le Monde reste dans la phase du pilotage et pour éviter l'explosion nucléaire globale.

Une question se pose : comment est-il possible de créer une solution logique dans les systèmes sociaux pour éliminer les menaces créées par l'homme au moyen des actions logiques, suite au développement de la civilisation ? Il s'agit, notamment, de l'arme nucléaire, chimique ou bactériologique ou toute autre arme intégrée de destruction massive. Par conséquent, une autre question se pose : comment est-il de possible d'obtenir une autorisation politique pour transférer cette arme nucléaire sur l'orbite ? C'est un des projets que j'ai développé il y a longtemps lorsque je travaillais à Tachkent. Voici sa courte description : il faut construire une plateforme, y placer toute l'arme et la transférer sur l'orbite. Et puis, il faut diriger une comète sur cette plateforme et utiliser l'énergie produite comme un combustible pour la création. Et c'est tout. Il ne restera plus aucun moyen de destruction globale sur Terre. J'ai même des méthodes de calcul pour réaliser ce projet. Pour mettre ce projet en action au moyen de la technologique de construction du Monde par l'Amour, il suffit de focaliser l'Amour sur cette mission. Ainsi, on pourra obtenir une solution politique positive permettant la réalisation du projet. Dans notre cas, la solution politique résulte de la concentration de l'Amour qui triomphe sur la structure de la destruction et l'éloigne de l'humanité pas seulement au niveau spirituel, mais surtout au niveau physique. Pourquoi est-ce que j'ai placé la valeur physique au premier niveau ? Parce que la loi l'exige ainsi. Ce projet est tout à fait réalisable, surtout que tout le monde voterait « pour » sa réalisation au niveau logique, sans aucune doute, si l'on organisait un référendum international.

Sur ce, l'Amour remplit la pensée avec une action infinie et précise. Cela est un point clé de notre cours. Si l'on apprend à rendre chaque action contrôlable dans le développement futur grâce à notre pensée et qu'on arrive à extraire la loi de l'éloignement à partir de la sphère comportant l'action initiale par l'Amour on pourra garantir la stabilité absolue du Monde. Il est très simple d'apprendre à le faire si l'on comprend la structure de tous ces transferts, luminescences et de l'approche même. Il faut apprendre à penser de cette façon. En effet, toute action de la pensée qui amène à la future action renforcée et exprimée dans l'amélioration de la réalité élimine les problèmes existants.

C'est une technologie très puissante pour la guérison, la régénération des tissus et la solution des problèmes liés à l'homme ou à l'humanité en général.

Pour y réussir, il faut juste aligner votre pensée à l'action de l'Amour. Essayez de construire la structure de l'Amour par vous-même bien que cela puisse paraître paradoxal ou compliqué. Aussi, vous pourriez me poser la question suivante : pourquoi faut-il construire l'Amour s'il existe toujours ? Bien sûr, cette question peut exister en théorie. Pour y répondre, je vous pose une autre question : comment est-il possible de comprendre les mécanismes du développement de la forme existante de l'Amour sans construire sa structure ? En effet, pour comprendre le Monde globalement et le développement d'un autre élément de la réalité, il faut au moins modeler une structure approximative de pilotage ou comprendre la structure de ce système.

Je vous donne un exemple : c'est en observant l'oiseau ou le boomerang que les humains ont réussi à calculer les processus du développement des appareils volants. Nous devons agir de la même manière lorsqu'on veut apprendre à construire quelque chose.

Le Monde est construit sur la base de l'Amour de Dieu. C'est pourquoi, lorsqu'on veut découvrir quelque chose on doit définir la forme de l'Amour dans notre Conscience par rapport à l'objet extérieur visé. Cela est nécessaire pour découvrir correctement la réalité extérieure et pour savoir dans quelle mesure elle est agressive ou non-agressive. D'ailleurs, la réalité a une propriété d'être absolument non-agressive mais tout dépend de quel côté vous pénétrez dans le champ de pilotage. Si vous définissez la forme de l'Amour lorsque l'élément extérieur n'est pas agressif vous construisez une réalité non-agressive. Le processus de construction consiste souvent à choisir une position correcte et à avancer dans cette position.

Dans certaines situations, on choisit la confrontation ou des mesures rigoureuses, mais ce faisant, on doit comprendre pourquoi on agit ainsi. En effet, les concepts peuvent être si rigoureux qu'ils n'amèneront pas à des conséquences négatives. En règle générale, on peut percevoir une mesure comme une mesure négative mais elle n'aura pas de conséquences négatives pour d'autres personnes si vous agissez avec l'Amour, à savoir, de manière intransigeante et concrète, avec assurance, tout en dictant qu'on ne doit pas faire exploser l'arme nucléaire. Il s'agit d'une action rigoureuse du point de vue de l'adversaire mais si elle est remplie d'Amour, les adeptes de l'arme nucléaire n'en souffriront pas. Au contraire, ils n'en auront que des bénéfices car vos actions apportent des connaissances permettant aux personnes qui initient et développent cette arme nucléaire de se sauver.

Par conséquence, on peut dire que vous êtes en mesure de contrôler tout objet potentiellement dangereux si vous utilisez la sphère ou la ligne de l'Amour tout en la construisant par vous-même. Pourquoi est-ce que je dis qu'il faut savoir construire cette luminescence de l'Amour par vous-même ? Comment peut-on savoir que vous avez construit le système de la luminescence de l'Amour ? Vous devez définir nettement que vous avez construit cette luminescence par vous-même et que ces connaissances proviennent de vous. Vous savez que la luminescence est à vous et que vous l'avez construite. Et, comment l'avez-vous construite ? Cette question est liée à un autre domaine de pilotage. En réalité, la façon de construire l'Amour se base sur votre perception. Vous pouvez dire que la luminescence qui existe et que vous avez vue est tout simplement votre luminescence de l'Amour.

Dieu vous a créé lorsqu'il était en train de bâtir le Monde, bien avant la création des éléments du Monde. Votre Conscience se base sur cette forme. Vous localisez vous-même au niveau de développement antérieur où le Monde était complètement contrôlable du point de vue de Dieu. Par conséquent, l'Amour que vous avez construit est une action divine par rapport à vous, c'est votre chemin. Vous regardez votre chemin et vous voyez que c'est le chemin de l'Amour.

Il s'avère que vous n'avez rien à faire. Dieu se trouve à un point et pilote toute la réalité. Il n'a pas besoin d'entreprendre des actions concrètes, par exemple, de tourner les vis ou créer le vent. C'est un état bien spécifique. Dieu crée ce niveau pour tous, y compris pour Lui-même. Il fournit des connaissances universelles qui sont destinées à tous. Lorsqu'on capte cette action, on commence à comprendre de quoi il s'agit et ce que cet élément représente. On commence à comprendre que Dieu est identique à la personnalité humaine. Toute personnalité a le pouvoir et le droit de connaître l'action de Dieu. Il n'y a pas d'obstacle empêchant à la personne de se développer et d'apprendre infiniment.

Le champ de l'Amour commence à s'ouvrir. Des plantes commencent à fleurir et se remplir d'eau sur la terre qui a été construite car cette forme de l'Amour s'exprime dans une forme approchée par rapport à vous.

Comment est-il possible de toucher l'Amour ? Si vous touchez l'eau avec votre main vous la sentirez. L'homme doit non seulement voir l'Amour, l'homme doit le sentir. La première action du corps physique est celle avec l'eau.

Pourquoi y a-t-il tant d'eau sur Terre ? Transformez toute l'eau dans la structure de l'Amour et vous verrez qu'il y a un petit cristal de Conscience dans chaque tonne, des milliers de tonnes d'eau ou dans une très grande quantité d'eau. Ce cristal retient toute l'eau parce qu'il incarne votre Amour envers l'eau.

Votre Amour envers un élément du Monde est objectif et indépendant de vous. Certes, il n'est pas complètement indépendant de vous mais vous pouvez le trouver dans l'élément et voir pourquoi une petite étincelle d'Amour peut retenir une si grande quantité d'eau. En effet, cette étincelle d'Amour existait toute seule à l'origine. Il n'y avait que la Lumière unique, toute petite mais universelle. Il est clair pourquoi tout est lié dans le Monde et pourquoi le microniveau est lié au macroniveau. Effectivement, l'Amour n'a pas de niveaux dans la Conscience humaine. La Conscience peut pénétrer dans tous les systèmes de pilotage et dans n'importe quelle réalité. La Conscience peut piloter n'importe quelle réalité parce que l'Amour est la substance de la Conscience.

En utilisant cette Conscience, j'introduis dans le champ de pilotage la formule suivante : par exemple, nous souhaitons analyser la substance de la Conscience. Nous définissons qu'il s'agit de l'Amour et nous commençons à avancer à partir de ce point. Dans un contexte plus général, tout est exprimé dans l'Amour mais, dans la Conscience, l'Amour englobe tout. Par conséquent, la mesure de l'Amour est un élément du monde extérieur. Et, pour comprendre quel critère d'accès dans ce champ il faut utiliser, il faut faire en sorte qu'un petit élément de la

Conscience corresponde à un grand élément du Monde, par exemple, à un océan. Et puis, pour comprendre que l'océan existe ou pour le percevoir, il faut le transférer dans la Conscience et en prendre conscience. Le corps humain constitue à la fois un élément de la perception et celui de la prise de conscience. Il s'agit d'un niveau très flexible de l'action de Dieu. C'est un élément des connaissances continues, complètes, exactes, profondes et intellectuelles. Il constitue un niveau très profond de la raison qui se trouve dans le corps ou correspond au corps. Dans ce niveau de la perception, le corps constitue l'expression de la raison de Dieu.

Lorsque vous commencez à voir cela vous comprenez que le Monde est pilotable. Le corps humain et la réalité extérieure sont des systèmes monotypes par rapport au développement de l'Amour dans l'infinité. C'est pourquoi l'homme voit toujours l'Amour dans le niveau infini, à savoir, loin de lui, et le cherche tout le temps. L'homme cherche l'Amour parce qu'il suit et voit le chemin de l'Amour. À son tour, ce chemin constitue l'Amour. C'est pourquoi, on a une sensation que l'homme cherche l'Amour tout le temps mais, en réalité, celui-ci est entouré par l'Amour. L'homme se trouve dans l'Amour qu'il a construit par lui-même et il cherche l'Amour qui constitue l'élément d'un nouvel événement.

Lorsque vous commencez à voir la structure du nouvel événement, vous découvrez les sphères du futur et des éléments complètement statiques qui ne changent pas du tout. Vous obtenez un futur absolu et vous êtes sûr que vous saurez atteindre un niveau de pilotage nécessaire. Ce niveau sera atteint impérativement. Je sais exactement qu'il n'y aura pas de destruction globale, il nous faut juste travailler sur cela. De toute façon, la destruction globale n'aura pas lieu.

Une question se pose : si la destruction globale n'aura pas lieu pourquoi faut-il travailler si dur ? Parce qu'on réfléchit de manière logique, et, de plus, il y a des menaces probables de destruction nucléaire. La notion de probabilité nous force à travailler rapidement. En général, travailler dur est une réaction adéquate et habituelle parce qu'on doit faire tout ce qui est possible pour empêcher la destruction. Par contre, moi, je sais que la destruction globale n'aura pas lieu mais mon objectif est de démontrer qu'il ne doit pas y avoir une destruction locale non plus. C'est pour cette raison qu'il faut travailler, peut-être, pas de façon aussi intense que lorsqu'on veut empêcher la destruction globale, mais il faut agir activement pour enseigner tout le monde le plus rapidement possible.

Par la suite, on commence à travailler avec le niveau du pilotage extérieur. On va se concentrer sur des ennemis, des systèmes de résistance ou d'autres systèmes qui ne se manifestent pas de manière agressive dans leur première impulsion.

Grâce à notre pilotage à travers l'Amour, tous ces systèmes deviennent contrôlables aussi agressifs qu'ils soient. Ainsi, une arme nucléaire n'explosera pas si le niveau de l'Amour entoure le corps physique et remplit l'espace autour du corps et si cet espace s'étend dans votre futur stable. Ce dernier sera stable si vous le percevez.

Dans notre cas, il suffit de percevoir le futur stable pour l'avoir. Ainsi, vous verrez immédiatement si quelque chose ne vous convient pas dans le futur. Vous travaillez au niveau où des événements négatifs se manifestent de manière intense. Vous pouvez les régulariser en utilisant des méthodes logiques ou celles de pilotage. Par exemple, il y a eu un effondrement dans les montagnes, vous le voyez. Alors, il n'y a aucun sens d'escalader la montagne à ce moment. Il s'agit de la méthode logique. Par contre, si vous avez besoin de l'escalader quand-même, il faut utiliser la méthode de pilotage : vous devez rendre la montagne plus solide au moyen de pilotage avant de l'escalader.

Ainsi, on ferme le système d'événements. Cela concerne n'importe quel système, pas obligatoirement de la montagne. Chacun comprend que cela concerne tout système impliquant la personnalité, un critère ou un événement quelconque. Et si un tel système comportant un événement commence à tourner autour de vous sachez que sa base est l'Amour.

L'information du salut ou de l'élimination d'obstacles passe à travers l'Amour.

Pourquoi est-ce que les événements deviennent non-dangereux ?

Parce qu'il existe un milieu intermédiaire. Au lieu de craindre qu'une situation dangereuse survienne, il vaut mieux faire le pilotage en permanence. Cela fera apparaître le niveau de la tranquillité qui vous amènera au salut ou à la normalisation personnelle. Dans le fond, l'être humain se trouve dans un système très rigide, autonome et non accessible à l'impact négatif extérieur. Il s'agit, en principe, du système ou du niveau de votre Conscience dans lequel l'être humain comprend ce qui est l'Amour et de quelle façon l'Amour agit dans la construction du Monde.

Il suffit de rester dans ce niveau pendant au moins quelques secondes pour acquérir une stabilité puissante car cela est nécessaire pour réaliser vos projets de régénération de la santé pour vous ou pour ceux qui se trouvent près de vous à ce moment. À ce moment, il suffit de pénétrer dans le niveau stable pour que toutes les personnes autour de vous rétablissent leur santé. Il n'est pas obligatoire de les soigner ou de définir des statuts négatifs pour rétablir la santé de ces personnes. Cela se fait tout seul. On peut percevoir ce phénomène comme une luminescence ou comme la différenciation d'un champ de pilotage. Pourtant, en réalité, il s'agit de l'expansion de votre Amour dans la structure du monde extérieur où vous transmettez les connaissances. En effet, vous avez les connaissances, la personne le voit (tout le monde le voit au niveau de pilotage masqué) et prend ces connaissances. Et, c'est tout.

Autre exemple, lorsqu'un menuisier découpe ou fait quelque chose, n'importe qui peut le voir et faire la même chose. Ce mécanisme est très simple : il faut juste le découvrir. D'autres personnes l'ont déjà découvert car elles savent observer et où elles se trouvent dans ce système.

Vous voulez peut-être savoir où se trouve l'Amour universel. Vous me dites : montrez-moi ce segment. Je vous donne un exemple. Imaginez que vous êtes dans un train. D'autres personnes voyagent dans ce train également. l'Amour est là. Une plateforme énergétique se crée devant le train. C'est l'Amour universel de Dieu. Vous n'avez même pas besoin de vous concentrer sur elle.

Par conséquent, l'Amour universel est là où nous voyons à la fois le développement et la construction du Monde. Par exemple, le train avance. Tout ce qui apparaît devant lui à ce moment constitue le niveau porteur. On n'a pas besoin d'observer ce qui se passe actuellement. On n'a pas besoin d'observer les rails qui apparaissent. On peut voir un monde éloigné, la périphérie mais cela n'empêche pas à l'Amour d'être là. Cet Amour est très concentré. Il fait naître la réalité devant ce train mais on n'a pas besoin de le comprendre logiquement ni d'observer la construction des rails. C'est très important. Si l'on observe la façon dont la réalité se construit (il est facile de l'observer) on peut serrer tous les processus liés à la construction de l'arme nucléaire. Certes, l'arme nucléaire ne se transformera en quelque chose d'autre. Tout simplement, on produira une solution politique qui éliminera cette arme. Par exemple, le gouvernement prendra une décision de transférer l'arme sur l'orbite ce qui rendra le Monde stable et sécurisé.

Pour y réussir, il faut tout simplement voir où l'Amour de Dieu construit notre réalité physique. Cela ressemble à la façon dont on observe l'action d'une personne.

Tâchez de voir l'Amour universel de Dieu lorsque vous construisez votre système de pilotage par l'Amour et tâchez de réaliser le pilotage le plus puissant possible à n'importe quel niveau de votre projet. Il s'agit souvent d'un pilotage instantané.

Je vous remercie de votre attention et je termine mon séminaire aujourd'hui.